EL CENTRAL

REINALDO ARENAS

EL CENTRAL

(*Poema*)

BIBLIOTECA BREVE
EDITORIAL SEIX BARRAL, S. A.
BARCELONA - CARACAS - MÉXICO

Diseño cubierta: Josep Navas

Primera edición: junio de 1981

© 1981: Reinaldo Arenas

Derechos exclusivos de edición
reservados para todos los países de habla española:
© 1981: Editorial Seix Barral, S. A.
Tambor del Bruc, 10 - Sant Joan Despí (Barcelona)

ISBN: 84 322 0393 9
Depósito legal: B. 12.604 - 1981

Printed in Spain

A mi querido R,
que me regaló 87 hojas en blanco

1

MANOS ESCLAVAS

MANOS esclavas lustran la esfera
donde, a veces, suele detenerse la mirada
de un rey.
Manos esclavas han pulido esos granos
para que la reina, solemne y minuciosa,
os conceda la gracia de disolverlos
en su lengua.
                              Manos esclavas
han revuelto esa tierra
han sembrado esa tierra
han exprimido esos tallos
han cuajado ese jugo
        para que el ilustre extranjero, acorazado con
el vocabulario y los andariveles de su época,
lance al fondo el delicioso terrón, agite la
esbelta cucharilla,
y beba.
                              Manos esclavas
han pulido la esfera sobre la cual, a veces,
suele posarse la mano del rey —aquí, aquí,
en este sitio. Y señala, majestuoso, las
tierras conquistadas.
                    Aquí, aquí.
Aquí el dedo del fanfarrón. El indignado dedo
del gran dictador, señalando los campos que
manos esclavas
tendrán que arañar.
                Y los ministros promulgan leyes,

11

y los periódicos acogen blasfemias
y las chillonas cotorras
alojadas en los suntuosos palacios abandonados
por los antiguos traficantes,
acatan danzando.

Aquí, aquí.

80.000 manos acá, en la zona occidental
que hay que resembrar, abonar, recolectar, empacar
y exportar.
Allá, allá.
Que rieguen, que fertilicen esta nueva variedad
que Yo propongo, que Yo dispongo, que Yo ordeno
que se siembre, cultive y adore.

Y las cotorras danzan en las antiguas columnas
que jamás se desplomarán, pues hechas fueron
para estas ilustres, oficiales ceremonias.

Aquí, aquí

(los dedos majestuosos)
un fuerte para aniquilar, un fraile para
adoctrinar. Y hombres nuestros. Hombres blancos
y valientes; hombres peludos y hediondos; hombres
de rechinante y fuerte virilidad, duros y divinos.
Salven esas almas perdidas, no escatimen violencias.
Están bendecidos por la gracia del Papa.

Elemental y apabullante

rústico y gritón
amenazador y furioso
bárbaro y bambollesco
ha de ser el discurso del nuevo trajinador de sentimientos.
Su presencia, voluminosa y velluda.
Sus andares, libidinosos y ásperos.

12

Sus promesas, descomunales y estúpidas.

Sus leyes, intransigentes y arbitrarias.

Sólo así, oh elegidos, podrán ejercer ustedes el absoluto
    dominio.

Sólo así, oh elegidos, serán ustedes sinceramente adorados.

                    Manos esclavas

en nombre de la patria y sus sagrados principios

manos que se adentran en la tierra

que arañan y se inclinan

manos que se desgarran

en nombre de principios obligatorios y sagrados.

                    Bella la figura del indio

desnudo.

Bello su cuerpo sin vellos. Bella la pieza del antípoda que,
cilíndrica y reluciente, cuelga. La vieja (divina) reina, mien-
tras le elogiaba al Almirante un centenar de papagallos "por
ser de muy hermosos colores, unos muy verdes, otros muy
colorados, otros amarillos con 30 pintas", miró, sin perder
la compostura, aquella proporción colgante, tan reluciente.
Y aquellos muslos. Ay, dorados y duros; torneados. Tan
diferentes de estas carnes europeas, peludas, blandas y
lechosas; envueltas en trapos.

    Y toda esta solemne inspección sin emitir ni un regio
pestañeo. Altiva, otorgando su gracia al colorido de los
papagallos.

Cien obispos ceremoniosos, observando.

Cien guardias de corpus recelosos.

    ¿Miró Fernando? ¿Miró el muy maricón? ¿Miró ese
nieto de judío? ¿Ese pedazo de cabrón converso? Ya lo lla-
maré a contar después; luego que con promesas y títulos, es

13

decir, con palabras y papeles, hayamos aplacado un tanto la
avaricia de este marino ambulante, que, por cierto, ha
regresado bastante averiado.

—Y qué mansos, qué mansos. Pase usted las manos,
Majestad. Toque usted esta piel, Majestad. Vean, vean y
toquen, divinas majestades. También ustedes, señores.
Toquen.

Y todos miran, palpan,
alaban al Señor.

Y todos se ajustan los anteojos,
observan,
aplauden:

un millón de niños (16 a 18 años)
desfilan marciales.

Junto al cartel, "400.000 habaneras al cogoyo",
el sólido artefacto de cemento y
yeso: José Martí.
Desde allí la clase dirigente contempla extasiada. Una
banda oficial infesta el viento con sus consabidos himnos.
Y dos millones de piernas exquisitas se levantan marciales;
saludan, descienden; se marchan armoniosas.
Tras el uniforme, los jóvenes, sudorosos y viriles bultos
configuran una extensión que cambia de sitio con el rítmico
andar. Tras las altas columnas, la clase dirigente recibe el
solemne homenaje.

—Mire qué bien marchan, comandante —comenta uno
de los íntimos con el Gran Cacique—. Mire usted qué ritmo,
qué paso, qué disciplina. —Y el Gran Cacique, vasto y ven-
trudo, grasiento y barbudo, mira y sonríe.

Manos esclavas
han pulido esas mínimas aristas

14

con que la reina, golosa,
se endulza
la lengua.

Manos esclavas
han trabajado meticulosamente
ese pequeño terrón que tú, notable
consumidor extranjero, adecuadamente emperifollado
para sentarte al aire libre,
lanzas al fondo del moderno
recipiente.
—Tres es suficiente —preguntas. Y agregas otro.
Manos esclavas
endulzan las horas del que aún puede
sentarse.
Manos esclavas
hicieron posible ese derrame de saliva
en el órgano de la augusta anciana.
(Vea usted su boca.)
Querido,
detrás de todas esas fiestas públicas. Detrás de todo des-
file, himnos, despliegue de banderas y elogios. Detrás de toda
ceremonia oficial, se esconde la intención de estimular tu coe-
ficiente de productividad y de explotarte.
Esto me lo dijo Carlos Marx, haciendo un gracioso giro,
soltando una carcajada y marchándose apresurado tras los
fondillos de los niños-militares que integraban la retaguardia.
Efectivamente, un poco más allá
estaban los camiones que transportarían al divino
material
hasta las plantaciones cañeras.

2

LAS BUENAS CONCIENCIAS

Aunque aún no han llegado las lluvias ya está aquí el olor de la primavera, reventando por todos los sitios, Señor. Aunque aún no ha llegado la época de los grandes aguaceros, ya se presiente el estruendo de unas aguas que presagian ventanales. Yo no sé. Pero el tiempo lo va agarrando a uno; lo va envolviendo; me seduce. Aquí cada planta suelta un típico, extraño olor que llama; y de cada yerba brota una vibración que atrae; y es digno de mirar todo este verdor que espera. Es digno y es espantoso mirar todo este olor, todo este verdor que espera por el hacha, Señor. Hasta en el salto de la jutía, animal que así se traslada de gajo en gajo y así puede atravesar la Isla, hay algo que aterra; hay algo que aterra bajo esos movimientos de libertad; hay algo que da grima bajo esos precisos brincos en la claridad... Ya está aquí la época en que se desbordan las cañadas. Y todas correrán lisas y brillantes; y las hojas se extenderán saturadas. Ya está aquí el olor del tiempo, la dulzura y la humedad del tiempo; y no es culpa mía si siento deseos de tirar los hábitos y echar a correr; no es culpa mía si siento deseos de empezar a gritar, a aullar; si siento deseos de revolcarme entre las hojas lisas y relucientes. No es culpa mía, es el tiempo, Señor. Y uno debe obedecer a la naturaleza, porque ella es quien crea y ordena las costumbres de acuerdo a las solicitudes del cuerpo y del alma, Señor. Yo quisiera informar más sobre este asunto a sus Divinas Majestades, no porque piense que ellas lo ignoran, sino para que vean qué generoso es Dios que también me ha otorgado a mí, una milésima de fracción, las mismas percepciones que a sus Divinidades... Yo, soldado fracasado, simple fraile de la orden de los Dominicos, también participo del cosquilleo cósmico, de la insólita melodía... Pero debo decirles que los distinguidos caballeros que sus Serenísimas Majestades han elegido para implantar la gracia y el consuelo de Dios en estas regiones, no cumplen cabalmente las nobles encomiendas impuestas por sus Dignidades.

Ellos llegan y no se preocupan por implantar esos consuelos, sino por investigar a palos dónde están los tesoros. Ellos llegan y no se preocupan de salvar almas, sino de llenar bolsas. Poca es en ellos la inquietud por alcanzar la gloria y mucha la avidez por aniquilar y hacerse ricos encomenderos. He visto alzarse la espada y el fuego contra indefensos hechos para el ritmo, para el canto o para el trabajo sobre aguas y árboles. Y ellos los golpean, y ellos los obligan a trabajar veinte horas diarias, y ellos los hacen descender al fondo del mar y que allí revienten buscando perlas. Y ellos los hacen descender al fondo de la tierra y que allí se asfixien buscando oro; y aún se fornican a las más, y a los más atractivos; y luego, cuando éstos se ahuyentan porque ya no resisten, ellos, los nuestros, le lanzan los perros, y las pobres criaturas son desgarradas y descuartizadas por estas fieras introducidas por nosotros —aquí no había perros, Señor. Y tanto ha sido el furor desatado, la innecesaria violencia y la codicia, que ya de esta raza original que no necesitaba de telas ni de leyes para ser pacíficos y vivir, quedan muy pocos, Señor. Unos murieron de hambre, otros de trabajo y muchos de viruelas (plaga que también trajimos nosotros). Unos se quitaron la vida con zumo de yuca; otros, con yerbas malas; otros se ahorcaron de los árboles. Y muchas mujeres han hecho también como los maridos, y se han colgado al mismo tiempo que ellos, y se han lanzado con sus criaturas contra los peñascos, dicen que para no parir hijos que sirviesen a extranjeros.

20

Y ellos, los nuestros, siguen golpeando, no cesan de esclavizar, ofender y matar. Y ellos, los indios, son brillantes y lampiños; relucen, como peces al sol. Y gustan de beber y danzar; y tienen sus músicas y sus formas de adorar al cielo; y tienen sus doctores. Y nada he visto en su forma de ser que no pudiere relatarse. ¿Dónde están las tropas de salvación que sus serenísimas Majestades enviaron a estas tierras para que todos fueran nobles cristianos, y nadie padeciese del pecado de idolatría, y todos entrasen en el reino de los Cielos?... Cristo clemente, Cristo misericordioso, Omnipotente Dios. Ya siento los estallidos de la primavera, ya presiento los escarceos del aguacero. Y en medio de las ceremonias del tiempo, en medio de la desobediencia del aire y los estruendos, he salido al monte y he tratado de dar consuelo y protección a los que ahora son perseguidos. Y ellos, aunque no me han entendido, han visto en mi rostro la común señal de la tristeza y la horrible y mutua señal del espanto, se han hecho mis amigos... Dios, odioso Dios, esta tarde, bajo los estruendos de la primavera que ya revienta, que ya sube queriendo ahogar mi voz, queriendo descontrolar mis manos, he entrado en una cueva donde más de cien indios yacían amontonados y muertos (como animales en tiempo de plaga), después de haber tomado todos, una yerba maldita. Sagrado Señor, alabado Señor, maldito Señor, y ellos son brillantes y su pelo es lacio y negro, y su piel apretada y suave. Y saben nadar y remontarse a los árboles, y algunos viven así, en barbacoas flotantes, o entre las hojas. Qué podemos hacer para no ganarnos una eternidad aborrecible en la memoria de los que habrán de juzgarnos. Qué podemos hacer por esos cuerpos cimbreantes que se deslizan relucientes por entre aguas y bejucos, y para quienes ya está preparada el hacha... Yo propongo a sus serenísimas Majestades (y esto sí lo incluyo en la carta) que, ya que es de sus conveniencias el sistema esclavista para el desarrollo de estas tierras, que se mantenga el mismo con gente apropiada para esas labores bajo este clima hecho para la danza y las zambullidas. Los etíopes del África son más fuertes, son negros, como ya es conocimiento de sus Divinidades, y por su fortaleza, por la negrura de su piel y por la rigidez de su pelo poseen condiciones más adecuadas para llevar a cabo los regios planes de sus Majestades. Ellos soportarían mejor las violentas labores. Además, son feos. Yo no me cansaré de decir que los naturales de estas islas son dulces y melancólicos y que prefieren la muerte inmediata a renunciar a sus danzas, a sus fiestas, a sus prodigios desnudos sobre aguas y hojas... Decía también que ya estaban aquí los grandes presagios de las estaciones abrumadoras; pero yo soportaré los excitantes olores y el inquietante llamado de la tierra. Durante toda mi vida no cesaré de pedir una confrontación de los planes confeccionados por sus Divinas Majestades con la ejecución que de ellos hicieron sus encargados. Para que sus Majestades puedan saber de todo esto con mayor claridad, he decidido llegarme hasta sus sagradas presencias, si es que mis huesos alcanzan para ello, y no se pierde en el mar... También se da aquí una diminuta y extraña flor blanca, como un lirio, pero aún más fina. Brota esta flor cuando se barrunta la primavera. Su nombre es *bruja*, pues en una sola noche emerge el tallo de la tierra y florece. Algunas semillas llevo en mis hábitos que serán entregadas a sus Divinidades en cuanto me acojan bajo su gracia.

Pero, ya aquí el aguacero.

Ya aquí el desequilibrio de los colores anegados. Daré un maullido. Con los hábitos abotargados saldré al campo, y veré los cuerpos hermosos y adoloridos, retorciéndose. Correré bajo los árboles empapados y veré las figuras desnudas colgando de sus ramas. Y tocaré las figuras; y me abrazaré a las figuras. Y empezaré a bailar bajo los árboles donde cuelgan las figuras, balanceándolas, palpándolas, apretándolas. Dios, Dios que tantas veces inútilmente invoco, otra prueba tendré de tu sordidez cuando, terminada la ceremonia, me tire sobre las plantaciones de las brujas y me embriague del olor y de la humedad del tiempo, sin que nada me haya ocurrido a pesar de los incesantes relampagueos, de los perros salvajes que amenazan desde la lluvia, y de mi invariable petición: *mátame*. Aquí, sobre estas flores dormiré toda la noche.

(Madre amantísima
pobre madre mía
disuelta ya en las ajadas tierras de
la infancia,
he aquí como el tiempo nos ha convertido
en adoradores del más implacable de los dioses,
el que no existe.)

Los adolescentes *son*.
Los hombres y las mujeres "deben ser".
He aquí la gran diferencia.
Un adolescente está libre de toda afectación, y de todo compromiso, pues su condición es efímera, exclusiva. Un adolescente sabe que todo lo merece (aunque todo se le niegue) y por lo tanto, aún tiene la oportunidad de aborrecer. Los adolescentes no habitan en ningún sitio. No aman, sólo saben enfurecerse o cantar. Un adolescente puede darse el lujo de despreciar la muerte o el crepúsculo (términos equivalentes, quizás). Nada los compromete, pues son hermosos y únicos. Un hombre es un conjunto de antiguos y nuevos resabios que ni

él mismo puede clasificar. Un hombre es el trapo con que otro se restriega el culo luego de haber expulsado los residuos de sus familiares más allegados —los más alimenticios. Un hombre es la pesadilla de un sueño confuso, o, si se le quiere dar mayor categoría, el culo que utiliza el trapo, o la imagen grotesca que provoca esas pesadillas. Los adolescentes son libres porque jamás se han interesado por la libertad; son dichosos, pues consideran ridícula esta palabra; son deliciosos, pues al levantarse no se miran en los espejos. Enarbolan con el día sus estruendos típicos, sabiendo que más allá no hay nada, sabiendo (sin importarles) que más acá no hay más. Como están hechos para el placer no lo buscan, se les busca. Los adolescentes son violentos y gentiles; son tiernos y criminales; son naturales y breves. No se enredan en grandes discursos altisonantes; no creen en sabios consejos; no esperan. Una espalda, un mar centelleante, un golpear de puños contra el fondo de un taburete en el barracón, bañarse solos y juntos en la charca más cercana al campamento, un modo exclusivo de mirar o de andar, una forma insuperable de inaugurar la mañana al ajustarse los calzoncillos verdes. Y el ademán señorial con que se palpan los testículos, he aquí sus únicos tesoros; los necesarios. Los adolescentes dondequiera saben estar, pues siempre están más allá. No tienen criterios exclusivos, no tienen alma ni principios: no están corrompidos. Una mujer es un hueco desesperado que supura, se encoge, agita, pide a gritos, y si no alcanza (algunas son jorobadas o profesoras de latín) chilla hasta volverse santa o revolucionaria. Un hombre es un producto bíblico, mansa bestia sin interés que resopla cuando posee, o de lo contrario duerme la siesta. La mujer, es siempre histérica, egoísta y sentimental. El hombre es una especie de mulo oloroso que gusta sentarse cuando se halla en chancletas. Una mujer, si es normal, acata siempre la ideas del que la ensarta. Un hombre, normal, adora siempre la imagen del que lo humilla. Una cualidad los define mutuamente: son excesivamente exhibicionistas, anuncian con varios meses (a veces con años) de anticipación la fecha exacta en que darán comienzo a sus fornicaciones. Siempre son conservadores, es decir no ofrecen resistencia (ni modifican) a la evolución natural del espanto. No son como pudieron haber sido.

Siendo así, resuelvo:

Que se llame, se recoja, se busque, se persiga, y finalmente, se recute a todo adolescente, y sean enviados a granjas, fincas, centrales y centros productivos donde sean necesarios. Pues ellos serán los únicos que como habitan en otro mundo pueden soportar cualquiera; y como su orgullo y su indiferencia y su capacidad para la dicha están por encima de nuestros más flamantes aparatos de la persecución y de la ofensa, no pueden ser humillados. Además, como no están envilecidos, es decir, como no son hombres, no abrazarán nuestras doctrinas para adquirir privilegios y dejar de producir. Y como se consideran distintos podemos someterlos sin que en ello nos vayan remordimientos, y sin que tengamos que ofrecer recompensas ni estimulaciones. Ah, y son jóvenes, son fuertes, ignoran el tiempo, y como todo lo desprecian, todo lo pueden hacer bien. En esa gran masa enemiga está la fuerza que nos conducirá a la victoria. Por tanto:

Hoy mismo promulgo la Ley del Servicio Militar Obligatorio para todo adolescente mayor de 15 años y derogo cuantas disposiciones, leyes, artículos, encíclicas, constituciones, códigos, reglas, preceptos, ordenanzas, estatutos, edictos, cartas magnas y cédulas se opongan a la misma. Firmo y ordeno que se ejecute. Dada en el Palacio de la Revolución el 3 de abril de 1964, Año de la Economía. La Habana, Cuba, territorio libre de América.

Los indios cubanos, muchas veces, andaban desnudos,
menos en la guerra. Oh Dios, ¿tendré siempre que oír las mismas sandeces y salir huyendo de mi propia tierra?

Dicen que cambian oro por espejos y cascabeles.
Dicen que como no llevan vestidos
constantemente son excitados sus deseos.
Dicen que comen carbón
Dicen que corriendo adelantan a un
ciervo. ¿Habrá dulce de coco en la bodega?

Los indios Lucayos gustaban llevar
el cabello hasta los tobillos. Ayer
racionaron los cigarros.

Los indios chicoranos curaban
los heridos, enterraban a los muertos
y no comían carne. Platón, ¿vendía aceite en Egipto
para cubrir los gastos de su viaje?

Los indios yucatecos no admitían
rameras entre las casadas. ¿Caga
el Papa?

Los indios floridos eran grandes putos y tenían mancebías de hombres públicamente donde por las noches se recogían más de mil de ellos. Anoche "recogieron" en Coppelia.
Los indios floridos, sin embargo, se negaron a darle el culo a Juan de Grijalba, y combatieron como endemoniados.
¿Habrá un dios que se conduela de mis pliegues? Habrá un dios para todos los temores?

Los indios palmeros comen arañas, hormigas gusanos, salamanquesas, lagartijas, culebras, palos, tierra, cagajones y cagarrutas; y a pesar de estar tan hambrientos andan muy contentos y alegres, bailando y cantando. ¿Es rizado el bollo de la reina?

Los indios cubanos andaban en cueros vivos. En las bodas, si el novio es cacique, todos los caciques convidados prueban a la novia antes que él; si es labrador, todos los labradores; si la prueba un sacerdote, ella queda muy esforzada y agradecida... No hay refresco, no hay descanso, no hay transporte.

Los indios panucos se limpiaban
el trasero con la mano izquierda, pues
comían con la derecha. Dice el periódico que todos
voluntariamente, estamos dispuestos a morir aquí y
ahora.
Los indios cubanos, sigue explicando el cronista,
murieron todos de trabajo y hambre.
No eran muy altos y gustaban del
guabiniquinaj. ¿Me engullirá la cultura occidental?
¿Me ahogaré en tintas de oficinas? ¿O
moriré
aplaudiendo al Gran Cacique, ahora con barbas
y rifles automáticos?
El sacerdote de los indios nicaragüenses que administra
el oficio, da tres vueltas alrededor del cautivo, le abre el pecho, le rocía la cara con sangre, le saca el corazón y desmiembra el cuerpo. Un recluta (mecánico) se alzó, sólo, con un rifle. Al séptimo día lo bajaron de las lomas, ametrallado.

Dice
Gómara que todos los cristianos que
cautivaron indios y los mataron
trabajando, han muerto malamente o no lograron
sus vidas o lo que con ellos ganaron

(hojas en la mata de ciruela).
    Esto hace a la Historia un poco más
injustificable. Además, no concuerda con
las leyes de la *Dialéctica.*

Dice
la vieja Perica
que la dejen divertir
que ella no quiere morir
con picazón en la crica.

(Otra vez, otra vez el aguacero.)
    Esto hace aún más remota la
esperanza del descanso;
aunque, desde luego, no concuerda
con las leyes de la *Biología.*

(Madre amantísima
pobre madre perdida
en el recuerdo de aborrecibles mañanas
en el tumulto de las horas en blanco
en la conquista de promesas inútiles,
    he aquí como el tiempo nos ha convertido
en adoradores del más implacable de los
dioses,
el que no existe.)

3

UNA CACERÍA TROPICAL

Por sobre relampagueantes aletazos de agua los krúmeres han llegado pero es poca la mercancía son pocos los chillidos que pueblan el cayac los lugres las cachuchas las urcas y falúas las balsas y tablas flotantes no ha causado efecto no la gran propaganda desplegada por radios y pancartas por televisores y periódicos por afiches y paredes embadurnadas por agentes de masas por agentes militares por agentes secretos faltan brazos aún faltan brazos un negocio redondo no se hace con sólo 8 negros en una pequeña chalupa más allá veo tres dos de este lado pero eso no es nada de este modo no se construirá la nueva sociedad es imposible así abastecer a los colonos de fuertes brazos para los trapiches el cordaje choca con las aguas tensas desde la alta cofa el negrero mira las oscuras tierras pobladas de fuerza de trabajo allí están las manos que tocan tambores que danzan que se deslizan por los árboles y que tampoco son cristianas un gallardete un flamante gallardete para cada héroe una medalla una orden primero de mayo un carnet de confianza una pequeña nave unas monedas de oro un hato y hasta una hacienda para quien acompañe y coopere quien se lance a tierra firme a la selva y agarre.

Humo en las torres,   humo en las altas torres.

Bajo los árboles entre las parpadeantes y escasas lámparas que han sobrevivido al racionamiento de la energía eléctrica los muchachos se pasean como estupendas bestias tocan tambores tiran lanzas fluyen bajo las luces ostentando el privilegio de una piel tensa de unos muslos largos de una cabe-

31

llera por debajo de las orejas el negrero se agita vocea y la
gran nave fondea en aguas costeras quién se atreverá a impe-
dir que yo avance quién será capaz de poner obstáculos a los
sagrados principios que rigen la nueva sociedad donde ya no
hay explotadores.

Humo en las torres, humo en las altas torres.

Pero el negro matungoz o dahomellado o karabalí o mi-
nas o lucumí o ajudas o koromantis o negro no está despreve-
nido y ante el portentoso despliegue de arcabuces rebenques
lazos que se deslizan más hábiles que serpientes y curañas que
ya se agitan huye pero he aquí que ya llegan los camiones a lo
largo de la calle 23 toda una caravana de perseguidores
acaba de estacionarse allá una cuadrilla de picas hábilmente
manipuladas por viejos piratas avanza acá un centenar de sol-
dados se parapetan tras los muros vigilan escaleras y edificios
cierran las calles por donde diestros hacen su entrada los
agentes del Ministerio del Interior se agitan los filibusteros los
marineros que sueñan opulentos porvenires se preparan tram-
pas y el negrero ordena soltar los perros.

Humo en las torres, humo en las altas torres.

Echa a correr el negro
más la jauría de las perseguidoras
conducidas por negreros de avanzada
diligente lo apresa y la rubia cabeza
cabeza del muchacho se estrella contra
la selva legendaria.

Negro
no hay sociedades secretas
no hay sociedades mágicas
no hay ritos
no hay sociedades que te salven.

Tu color te condena.

Nadie podrá escapar inútiles serán los carnets la rápida sacada de la camisa fuera de los pantalones los gestos de tragamundo o el discreto jamoneo por si acaso el poli es maricón el aullido las palabras suplicantes el mire usted yo estoy integrado y además todos los domingos abro 137 huecos en el "Cordón de La Habana" aún cuando saques una tijera y te peles al rape en este mismo instante nada te salvará aún cuando en este mismo momento empieces a gritar consignas y te acoraces de pancartas y medallas nada te salvará hay que echar a correr pero ya la jauría salta ya un escuadrón de guanches machete en alto azotan pantanos y bejucos se adentran se adentran eliminan bosques contaminan ríos ahuyentan leones mosquitos y demás alimañas típicas y siguen siguen avanzando ay que modo de guaranguear más allá está el furor de los lanza-cuerdas de los lanza-piedras de los lanza-estacas de los lanza-lanzas a la señal otorgada por el estampido de un tiro los perros con auténticos giros se abren a dentelladas.

Humo en las torres, humo en las altas torres.

Echa a correr el muchacho y las audaces
fieras exaltadas por el grito del pirata se
despliegan por escaleras ascensores y ventanales
trepan las torres y el negro cae cae

cae en la tierra hirviente que lo achata y
engulle cae en los abismos brillantes
que lo retienen embruteciéndolo cae en la
Granja Estatal que lo esclaviza cae cae
cae finalmente en el oscuro vientre del barco
que lanza emanaciones torturantes
allí salta
allí golpea aúlla pero el niño
por mucho que se revuelva no escapa
y perece
perece en el infestado vientre de la Isla.

Muchacho
no hay consignas
por muy bien que las sepas parodiar
que te rescaten no hay instituciones cívicas
no hay instituciones internacionales
no hay instituciones.

Tu juventud te condena.

Tambores, hay que aferrarse al enrejado y saltar; hay que
romper mesas, tirar sillas, alzar si es posible el vuelo, huir,
pero he aquí que los krúmeres (los mismos negros traficantes
de negros) conocen las costumbres, las secretas señales, los es-
condites secretos. Y los blancos muchachos caen gracias a la
intervención de los blancos muchachos adiestrados en el
abyecto y siempre patriótico oficio de la traición. A un cos-
tado del parque se ha instalado una orquesta, sus notas bam-
bollescas usurpan el tiempo, los gritos. Visto desde aquí,
desde la altura, el paisaje es casi romántico; centenares de
muchachos corriendo por parapetos, muros, altas columnas, y

canteros, y centenares de hombres agarrándolos. Y algún que otro tiro por parte de los perseguidores para demostrarle a los perseguidos que la paciencia tiene un límite; y, desde luego, el aplauso unánime del calvo, de la ama de casa, del maricón frustrado, del funcionario con disnea y de la mujer frígida de Stekel; sin ellos no hubiésemos alcanzado tal victoria. A pesar de todo, algunos han logrado treparse a las altas ramas donde no llega ni *el raider* ni el colmillo, para ellos hay que apelar a la eficiencia de la civilización occidental, como grandes garzas erizadas caen de las columnas (con el corre-corre el pelo ha adquirido formas demoníacas) y llegan a las manos ávidas de los milicianos. En grupos de 12 son atados por el cuello y a golpes de puntapiés sacados de la selva. En la esquina, la infatigable orquesta parece barnizar la lucha con un popular cha-cha-cha.

Humo en las torres,   humo en las altas torres.

Flechas o piadosas genuflexiones, collares en el cuello o tarjetas de Secundaria Básica, cantos lúbricos, litúrgicos o guerreros, gestos de bayaderas por parte de algún adolescente o un certificado que testifique, científicamente, la desviación de la columna vertebral, una negra malpariendo en el mar (alguien le pisó el vientre), niños tirándose de cabeza contra el pavimento, o la protesta de un fraile o de un secretario del imperio (del otro, claro), ¿sirven para detener el acoso, la furia del nuevo dictador que parece mago, que cabalga bestias fáusticas, que trae oropeles radiantes, que además es alto, que sabe tetrificar el pasado y manejar los resortes de la esperanza en esa multitud estupidizada de siempre? —ah, y que sabe bramar... No, no hay salida; no hay salida. No esperes el apoyo de las multitudes; no esperes el consuelo del que también revienta de otra forma, ellos se consuelan viéndote a ti reventar. Corre, sencillamente corre. Corre hasta que tropieces con el metálico rostro, con la muralla infranqueable, o con el mar custodiado. Pero, oye, no dejes de correr jamás.

Un zurriagazo
y el blanco niño cae en el asfalto despoblado.
Un chillido de perseguidoras
y el negro en la selva perece.

Humo en las torres,   humo en las altas torres.

Negro
no hay tambores en la noche
que amedrenten la codicia del tratante,
de nada te servirá beber sangre de
gallo.
Ellos terminarán bebiéndote tu sangre.

Niño
no hay danza frenética
no hay trompeta solemne o chillona no hay música
moderna ya que te inmunice y
de nada te servirá hartarte de helados
hasta reventar.

Ellos terminarán siempre reventándote.

El despliegue de las últimas estrategias ha verificado un triunfo absoluto. Las piezas, convenientemente mancornadas, avanzan conducidas por el personal negrero, detrás la jauría que ya resopla husmeando el mar. Llegan las guaguas y, me-

36

tódicamente, son conducidos a su interior. Cruzan ya el entrepuente, se pone en marcha el motor, se cierran las puertas y a golpe de rebencazos son lanzados al fondo del barco. ¿Oyes sus gritos? Oyes el estruendo que arman esos pobres y apestosos diablos allá abajo. Tú, que estás en la esquina luego de haber engullido (previa cola) un helado de chocolate. Tú, que miraste pasar la interminable fila de las guaguas, un poco fastidiado pues te hicieron perder algunos minutos al cruzar la calle, ¿oyes algo?, ¿Escuchas algún comentario?, ¿Piensas?, ¿Meditas?, ¿Sabes realmente lo que está ocurriendo?, ¿Conoces la Historia? Tú, asqueroso lector, ¿eres realmente mi semejante?

La monja en el fortín.
La monja repartiendo estampas,
breviarios, oraciones, y la joven gracia
de su figura
a los soldados del fortín.
La monja, ligeramente grasienta
(ah, es terrible el calor del trópico),
rezando por los soldados del fortín.
La monjita, la monjita.
La joven monjita blanca,
ligeramente irritada,
mirando tímidamente
las irreverentes prominencias de los soldados
en el fortín.

Y
Continúan llegando camiones atestados.
Se necesitan brazos.
Se necesitan brazos.

Siempre se necesitan brazos para construir un imperio.

No me preguntes cual.

No me preguntes cual.

Te hablo del que conozco,

es decir,

el que padezco.

Hay luz.
Hay el reflejo de la pancartas,
muy bien iluminadas, desde luego,
y los bombillos ocasionales dispuestos
alrededor de la tribuna
donde la puta uniformada e histérica
danza.
Típica figura de la nueva sociedad:
la puta
revolucionaria.
La puta en el claro de luz fría
al son de un cha-cha-cha
(compuesto en otra época)
danza, mueve el culo y danza
(*lo que pasó pasó,* parecen decir esas nalgas).
¿Alguien ve el ceremonioso pestañeo con que
mientras danza
aprueba las excitantes manifestaciones del
soldado?
No hay que ser indiscretos. Basta
sencillamente con mirar.
La puta uniformada,
danza.

Humo en las torres,   humo en las altas torres.

4

PERIPECIAS DE UN VIAJE

SURGE la calema. El barco queda clavado en el centro del océano. Los negros, abajo comienzan a desesperarse. Los marineros parecen fantasmas. Pasan varios días. Los marineros, amotinados y cagándose en la madre de Dios, se apoderan del agua corrompida, los que la prueban revientan. También muchos negros mueren, pero los más fuertes logran quitarse las cadenas y con ellas empiezan a golpear el fondo del barco. Se les tira hiere-pies, pólvora, ceniza, cal viva y agua hirviendo. Los negros aún más enfurecidos mientras sueltan ojos y cabellos siguen golpeando. Por último la tripulación decide abandonar el barco. Pero antes se le prende fuego para que algún pirata al acecho no pueda apoderarse del tesoro. Se cierran todas las escotillas, se esparcen las llamas. Inmediatamente la tripulación se aleja, remando por el mar inmóvil. Los negros, en el vientre del barco rugen y se achicharran.

                    Pero,
eso fue con ellos, querido.
No con nosotros que hemos sido citados
por una ley militar
o recogidos en nombre del pueblo. Y
en regios *Leylands*
hemos sido conducidos hasta el mismo campo de
trabajo, y
disciplinadamente hemos ocupado nuestras literas,
nos hemos acordado del número que nos han adjudicado,
hemos recibido un uniforme y
un par de zapatos y

un sombrero. Y
hemos sido vacunados. Y
hemos probado a veces hasta postres en la comida. Y
una vez
hasta se nos permitió que nos visitaran,
               (por unas horas se suspendieron los trabajos).
Y hemos descendido al día de todas las madres
Y hemos abrazado a las tías
Y hemos preguntado por la salud de nuestras abuelas
Y hemos visto,
hemos creído ver, en medio del barullo (hubo dulces)
divinas carretas repletas de jóvenes en trajes de
verano
rumbo a la playa.
Y todo esto por allí, por donde comienzan las plantaciones.

¿Cree usted
que la cruz roja internacional
podría poner algún
reparo?

5

DE NOCHE LOS NEGROS

Oh, sí, ya sé que todo esto son inútiles artificios para retardar el degollamiento.

Oh, sí, ya sé que el gran estallido será inevitable (mediocre, oscuro) y que de nada me servirán armonías, análisis ni blasfemias.

Pero cuando están clausuradas todas las posibilidades, cuando ya se han agotado urinarios y calzadas: ah, poema; ah, poema; ah, horrible.

Cuando las furias. Cuando el deseo se deshace en inútiles interrogaciones, cuando el cansancio suple al deseo, cuando la derrota aniquila al deseo, cuando la madrugada neutraliza al deseo: ah, poema; ah, horrible.

Es aquí donde convergen los grandes andamios y las paralelas y metálicas furias por las cuales se desliza nuestra sangre, nuestra única sangre, nuestra sangre de siempre, la más dulce.

Es aquí donde el humo esparce muleconas en la tarde animosa. Son nuestros huesos que fluyen en los abismos de la perenne furia. Son nuestras vidas que se derriten en las infatigables fornallas de la Isla.

Ah, poema; ah, poema.

He aquí como para sobrevivir (para sobrevivir siempre, poema) te has convertido en la recompensa de las tardes estériles y en las justificaciones del aborrecido.

Llegamos, y aquí están las altas torres, y las infatigables calderas, saludándonos.

Llegamos, y aquí está el implacable código desplegándose; y el verde, el verde; las aristas del verde, engulléndonos.

45

Llegamos, y un fraile mientras se masturba con el arpón de una cruz, nos convierte automáticamente al cristianismo gracias a un bula pontifical.

Llegamos, y un pirata, mientras saquea nuestro sudor nos enseña, de paso, con un puntapié, el significado de la palabra *patria*.

Virgen, y a todas éstas el flamboyán, reventando sus rojas corolas al final de la tarde.

Virgen, y a todas éstas el antiguo deseo, las antiguas proporciones de la dicha, el antiguo sentimiento. Y el padecer y el añorar como si aún fuéramos humanos.

Virgen, y a todas éstas la insolente llamada, los pistones girando; la gran rueda; y nuestros brazos que enarbolan mochas, que se alzan, que hacen sucumbir la plantación a los pies del jefe de brigada.

Guarda tus notas, hijo mío; guarda tus notas, pues nada será más provechoso para tu imaginación que este golpe de guámparas incesante, que este roer de la claridad incesante.

Guarda las palabras escogidas, hijo; guarda las palabras rebuscadas, querido; pues ninguna palabra, por muy noble que sea, le dará más vigencia a tu poema que el grito: *¡de pie, cabrones!*, rayando siempre el alba.

Guarda esas libretas, queridísimo; guarda ese minucioso acaparamiento de citas y frases decisivas. La poesía, al igual que el porvenir, se gesta en el vertiginoso giro de un pistón de 4 tiempos; en el mareante desfile de las carretas cañeras y en la árida voz del que te ordena *más rápido, más rápido.* Oh, la poesía está aquí, en la parada al mediodía para el trago de agua sucia. Oh, la poesía está aquí, en el torbellino de moscas que asciende a tu rostro cuando levantas la tapa del excusado.

Con la creación del bocabajo (ta bueno ya, niño; ta
bueno ya, mi amo; ta bueno ya, señó) es indiscutible que se
inaugura toda una escuela literaria.

Donde florece el espanto, donde florece en espanto, allí
está tu victoria; donde florece el espanto (dónde ¿no?) allí
está el inmenso arsenal donde todos, sin distinción de colores
ni filosofías podrán ir a beber.

Donde florece
Donde florece
Donde florece el espanto

                    Poeta,
allí estás:

La augusta maricona, con su insoluble y metafísica an-
gustia (quién me entollará hoy, quién me entollará mañana)
vagó inútilmente hasta el alba; regresó. Y se hizo inmortal.

El soldado (a quien mataré hoy, a quien mataré mañana),
padeció de pronto la obsesión de las rebelaciones. En un acto
público, en medio del espectáculo, disparó contra una de las
venerables cabezas. Disparó, no acertó, mas se hizo inmortal.

                Viajeros, oh viajeros,
aunque ustedes lo ignoren (como lo ignoro yo),
aunque ustedes sólo vean los destellos de un
nuevo terror (como lo veo yo),
aquí se está gestando el porvenir; sí,
aquí, todos unidos, mansamente unidos,
apretamos un poco más la tuerca
y escalamos un peldaño de la
"Historia".

Tú también la aprietas,
viajero.
Tú también.

Mas, es que alguna vez se ha dejado de hacer la historia a
golpe de rebencazos, zurriagazos, latigazos, estacazos (y con-
tinue usted aportando variedades de janazos). Esto no es se-
creto ni para un monje cartujo. Ah, hasta los más empederni-
dos humanistas, instalados en su segura cobardía, justifican
ya cualquier violencia.

Ya ves como ni los conventos se declaran en recle.
Ya ves como quieras o no optas siempre por la
blasfemia.
Ya ves como quieras o no sonríes cuando te estampan el
  gallardete,
                    Héroe.

El día estalla en innumerables días que se prolongan
hasta el último día. Con él los negros, a golpe de garrocha,
salen del barracón. El mayoral vigila, el contramayoral or-
dena; la caña aguarda. El negro acata. Y el día estalla en in-
numerables días, en un largo día, que se prolonga hasta tu
muerte.

A veces un negro
se lanza de cabeza a un tacho,
hasta sus huesos se convierten
en azúcar.

Aumenta la cuota, nada sensacional ocurre,
¿acaso no se lo iba a comer de todos modos
el azúcar, el ta ta ta, el ta ta ta, incesante?

A veces un negro
abre las fornallas
y se lanza de cabeza a la caldera.

Esto no causa ninguna interrupción,
después de todo, el negro puede pasar como carbón de pie-
dra. Y son escasos los objetos que echados a una caldera no
ardan.

Además, de todos modos, ¿no iba la caldera a consumir
su vida? ¿El guirindán, el guirindán, el guirindán, incesante?

Al alba, con el toque del Avemaría se inicia la jornada.

"Y aquellas cabezas rapadas
surgiendo como soles negros
en el horizonte occidental, ¿no eran
realmente un gran espectáculo?"
                                        Ah,
                            al amanecer,

mientras se reparten los guantes y las mochas y los tractores
levantan montañas de tierra que baten contra las paredes del
campamento, mientras se planifican las peripecias del es-
panto, ¿habrá tiempo para masturbarse?, ¿habrá tiempo para
darle coherencia a alguna imagen excitante?, ¿habrá tiempo
para la rápida inspiración, para la eficaz erección, para la vio-
lenta y compulsiva eyaculación?

El adolescente medita (pero, ¿hubo tiempo para medi-
tar?). El adolescente hunde sus manos en los calzoncillos ver-
des (el color de la época). Hay que darse prisa, hay que darse
prisa. Pero, he aquí que ya llegan los otros; alguien se orina;
alguien grita que se caga; todos quieren apoderarse de las le-
trinas.

No hay tiempo
no hay tiempo.

La patria os llama, hijos amantísimos.
Se invocan los héroes,
se citan los muertos.

Toda la sangre derramada sobre la tierra en cualquier
momento de su cansona biografía se te recuerda para que tú
des la tuya, oh hijo amantísimo,
oh hijo queridísimo, hijo mío.
Sonrisas.

De noche los negros. Su larga sonrisa es una sábana
castañeteante.

De noche los negros. Sus manos torturadas son garras in-
visibles, aún insospechadas.

De noche los negros. ¿Hay tiempo para pensar? ¿Hay
tiempo para emitir un quejido? ¿Hay tiempo para darle cohe-
rencia al furor?

De noche los negros. No me preguntes. No me atosigues
con patrióticas y elevadas interrogaciones. No me acoses. Yo
sólo deseo una esquina no vigilada por el guardiero, un plan-
tón invisible. Yo solamente quisiera tirarme allí, donde los ca-
gajones resecos, y no me preguntes más.

De noche los negros. ¿Conoces tú el significado de la pa-
labra *calimbar*? Acaso tu abuelo conjugó ese verbo, uno de los
grandes aportes de la lengua castellana.

De noche los negros. ¿Relatan historias de capiangos, de
meri-meri? ¿O adoran secretamente el font-font del contra-
mayoral?

De noche los negros. ¿Se distinguen en el manigual, en-
tre las sombras? ¿No pueden salir corriendo?

De noche los negros. Son fantasmas disciplinados ya por el terror.

De noche los negros. Son el remoto gemido de un tam-tam petrificado por las experiencias del hiere-pies, por las jaurías y las indigestiones de la mabinga.

De noche los negros. Dejan de ser negros. Son tristes, no pensativos. Están fatigados. Desean descansar.

Ah, ¿pero conoce usted el significado
de la palabra
reenganche?

Ah, ¿pero no ha actualizado usted su vocabulario?

¿No sabe usted, por ejemplo, lo que quiere decir "planchar un campo de caña"?

¿No sabe usted, por ejemplo, lo que significa "calorizar el encuentro fraternal"?

¿No sabe usted, por ejemplo, señor arribado de tierras distantes, simpático mariconzuelo acompañado de su esposa bilingüe y humanista, no conoce usted el verbo *reenganchar*, el verbo *calimbar*, el verbo *recaptar* o el *efecto de hacer conciencia*? Francamente debe usted pasar una escuela, un cursillo de esos, rápidos y eficaces, donde la calidad revolucionaria se demuestra, ante todo, pelándose al rape.

En el cuartel, las rosas.

Las grandes rosas de papel. Miles de manos femeninas y voluntarias han trabajado esos ásperos cartones. Para no robarle tiempo a la producción, cada recluta pondrá solamente la dirección de su madre. La rosa lleva un letrero: *aquí en mi puesto, felicidades*. Miles de manos amorosas recibirán la tarjeta.

Miles de manos amorosas, ¿olerán la rosa?

51

Virgen purísima, y a todas éstas el gran flamboyán con sus regias corolas inundando la tarde.

Y a todas éstas tú, cándida, inexistente y gentil, bendiciendo el vacío.

Virgen
ah Virgen
Ah, virgo de la Virgen.
Ah.

Virgen: hay miles de jóvenes metidos en los lugares más insólitos de la Isla. Ellos se levantan antes que el día y cortan, cortan. A las 12, si no hubo asamblea o chequeo de emulación, una carreta lleva las cántaras llenas de agua sucia y (felizmente) tibia. Se hace fila, se almuerza, y a la una se toma de nuevo la vereda del campo. Las cañas saltan en el aire; las cañas son cortadas en tres trozos en el aire. Cada machetero va dejando un reguero de cañas ya cortadas, un reguero de furias ya cortadas; va dejando, va dejando un reguero de juventud ya cortada. Al oscurecer, luego del metódico repile para que la alzadora pueda depositar las cañas en el camión (exigen normas técnicas), se regresa al barracón, de noche. Hay miles y miles de jóvenes, Virgen, a los cuales tú podrías consolar a la hora del regreso subiéndote un poquito más la saya, dejando entrever algo que esté más allá del tobillo y más abajo de la sagrada diadema, mandando a la porra aureolas y esferas y volviéndote, finalmente, algo útil, algo palpable, algo perfectamente penetrable.

Virgen, Virgen, aun cuando no estés a la moda, aun cuando vengas enredada en colores, trapos y grasas, ellos quieren un hueco, Virgen; ellos quieren un hueco, no un hueco virgen. Y yo no puedo complacerlos a todos. Virgen.

¡Son miles y miles, son miles y miles! ¡Virgen!

Verde y polvorienta
la gran plantación
se echa a los pies
del gran dirigente,
de recorrido en su Alfa Romeo por los centrales de avanzada.

Manos de recluta (7 pesos al mes por 3 años) limpian el parabrisas de este magnífico automóvil de factura occidental.

Manos de recluta hacen sucumbir los agresivos tallos a los pies del distinguido personaje.

Manos de recluta manejan las máquinas que conducen los tallos al central.

Manos de recluta conducen el vehículo (llegó la hora de la despedida) en el que se aleja el alto personaje.

Manos de recluta (al oscurecer) descienden la bandera.

Voces de recluta gritan: "Campamento atenjó".

Voces jóvenes y aún fuertes —voces.

Voces increíbles y roncas, potentes —voces.

Manos jóvenes de recluta se tapan la frente.

Saludan.

¿Quién aún tiene la suficiente furia, la insolente inocencia para decidirse a trepar las montañas (otra vez, otra vez) que se alzan firmes y legendarias al final de la exquisita llanura, como montañas?

Al Avemaría la dotación apareció en la plaza. (Amanecía.) El contramayoral traía a los testigos con mazas y cadenas, y los macuencos se movían con lentitud. Cada cimarrón fue reconvenido a razón de 500 zurriagazos. Luego se les ordenó a todos iniciar el trabajo. A la oración los trajeron de nuevo. (Oscurecía.) Entonces el amo les dio permiso para bailar tambor.

De noche los reclutas inician las premoniciones de un día de descanso. Remiendan trapos, aniquilan incipientes barbas; enjabonan testículos y falos aún sin estrenar. Retozan. Más allá, el central, enjaezado de luminarias como una catedral medieval en tiempos de la cuaresma, chisporrotea contra la negrura.

De noche los reclutas. Inventan resonancias con manos y literas. Con cáscaras inventan juegos de barajas. Fabulosas mujeres inexistentes. Inventan recursos para no oxidar la memoria.

Llegamos.
Y ya todo estaba previsto,
los grandes planes futuros,
los grandes terrores presentes,
las altas tierras de la Isla
acorazada por su perenne espanto.
Llegamos y no hay nadie esperándonos
ni siquiera para decirnos que regresemos.
No hay nada, sino la orden inacabable,
la resolución a largo plazo,
los carteles donde se nos muestra el futuro
y la gran plantación de caña donde se nos aniquila
el presente.
Llegamos
y aquí están ya los grandes artefactos mecánicos listos para ser conducidos.
Llegamos.
y aquí están ya las inevitables planillas (sexo, edad, nombre del padre, nombre de la madre, peso, actitud ante el trabajo,

integración y conciencia revolucionaria, conducta, color de
los ojos) listas para ser llenadas.

Llegamos
cuando ya era demasiado tarde para dejar de aplaudir.

Llegamos
cuando ya era imposible seleccionar nuestro infierno.

De noche los reclutas. Se tiran almohadas, exhiben sus
sexos; juegan a que no son hombres para poderse manosear
recíprocamente.

Luego, rendidos, se extienden sobre las literas
tan sólo por un rato
y entregan sus sueños a las especulaciones de la Sec-
ción Política.

De noche los reclutas. No tienen color, no tienen
deseos, no tienen pensamientos, ya.

No tienen juventud, ya.

No tienen relucientes ni agresivos instrumentos, ya.

Tienen un cansancio inmenso.

Desean dormir.

Déjalos.

Mira como flotamos. Mira como nuestros cuerpos se
deslizan cual anguilas. Mira como en el fondo se unen nues-
tros dedos largos. Fuimos al cayo a través del manglar. Co-
rrimos por entre troncos secos, mosquitos, pantanos, para que
no nos cogiera la noche. Pisamos la tierra que se resentía y su-
puraba fango. Y vimos millones de cangrejos, aún pequeños,
emergiendo, corriendo asustados (una muela en alto), inte-
grándose a la costa pantanosa. Al anochecer ya estábamos de
regreso; pero antes le otorgamos una mirada final al sol,
clásica bola de fuego cayendo tras un palmar en acoso.

De noche.

De noche.

Hay fiesta. Ha llegado mayo con los inevitables y efímeros oropeles de la primavera tropical (pronto el verano los devorará). Y como estamos al final de zafra, el amo ha decidido que hoy sea el día tabla. El barullo se inicia en un razo, junto al barracón. La negrada está ya reunida a su alrededor. La fiesta comienza por cantos y batir de palmas. Pero al llegar el amo, el bongó comienza a retumbar y una pareja sale del corro. Un matungo hace de bastonero. La pareja empieza a perseguirse en síncopes, tratando de abrazarse con los cuerpos, pero las notas del bongó vienen siempre a estorbar el entronque. El ama sonríe por el colmillo. El amo ríe a carcajadas. Todo el afán de los danzantes está en enlazar alguna parte de su cuerpo menos los brazos, para esto disparan los muslos, se juegan las cinturas, se encañonan los bustos, arremolinan las nalgas. Pero las percusiones del cuerpo saltan entre ellos, haciéndoles retroceder y avanzar sin permitirles lograr su objetivo. Al comienzo, los movimientos son moderados y las percusiones lentas; pero ya los bailadores se han emborrachado de música y han perdido el control. Ahora comienza la verdadera danza. El tam-tam, furioso por el contacto con el fuego, empieza a retumbar, dominando al bongó. Los negros danzan en torno a la hoguera deteniéndose ante el guardiero que les moja las bembas. Los tambores emiten ya un aullido largo y cavernario. Todos, hombres, mujeres, mulecones, muleconas, se han incorporado a la frenética danza... El amo, el ama, el mayoral, la contramayorala y los niños, vinieron a ver comenzar la danza, pero se retiraron pronto.

En qué aguas
se reúnen el que cuenta el terror
y el terror que se cuenta.

En qué abismo furioso perece
la música y el danzante.
Quién es el que interpreta.
Quién es el que padece.
Cuál de los dos es el autor
del trágico mamotreto.
La noche. Y abril estallando con sus infinitos oropeles.
¿Quién define el estruendo de la infatigable
derrota, del alambique infatigable?
¿El mismo estruendo?
¿El que oye el estruendo?
¿El que padece el estruendo?
¿El que grita y se abrasa?
¿El diluvio o su emocionado cantor?
¿Cuál de los dos gritos llegó a mi
oído?
Virgen, Virgen, reputísima Virgen.
Aquí estoy,
husmeando letrinas, mirando —a la hora del baño—
los divinos y esclavizados cuerpos del momento
y tratando de sacarme un alarido
algo más alto que el estruendo de las duchas
y los ahogados suspiros que emanan de los cansados
y desnudos cuerpos.

De noche los negros.
Hay siempre el restallar del látigo en la insólita atmós-
fera.
Hay siempre la flotilla de vigilancia muy cerca de la
costa.
Hay siempre como el signo, la oscura señal de la maldi-
ción guareciéndose en nuestra sonrisa.

De noche los reclutas.

Hay siempre la sirena del central, infestando, infestando.

Hay siempre el chillido metálico que te llama para que apagues un campo de caña.

Hay siempre la invariable nube de mosquitos y el incosciente gemido del adolescente.

De noche los negros.

Hay siempre la restallante blancura del percal en que se envuelve el cuerpo del amo a la llegada de la primavera.

Hay siempre
los cantos lúbricos, los cantos litúrgicos, los cantos guerreros, el infatigable aullido de los perros, y ¿el consuelo?

Hay siempre
más allá del imposible descanso; más allá aún de la fatiga y del acoso, alguien que te acosa y te fatiga, que te exige, que te recrimina y ofende, que te premia con un garrotazo y con la muerte.

De noche los negros. ¿Son "almas que gimen"? ¿Son aguas que fluyen? ¿Son perros que ladran? ¿Son cosas que revientan? De noche los negros, ¿son negros?

De noche los reclutas. Sólo hay una orden, la de no descansar. Sólo hay un futuro, el de no descansar. Sólo hay un pasado, el de no recordar.

De noche los negros. ¿Hubo chequeo de emulación intercampamento?

De noche los reclutas. ¿Dónde terminan las transfiguraciones del guardiero?

De noche los negros. Hay un peso inalzable en el sitio donde debieron albergarse los recuerdos.

De noche los reclutas. Hay una extraña bestia que lanza coces, lenguazos de fuego, apabullantes sentencias, donde debimos pasearnos esta tarde.

De noche los negros. Son negros, son reclutas, son bestias que giran violentas y torpes; fatigadas y torpes; hambrientas y torpes; esclavizadas y torpes.

De noche, ¿son negros? De noche, ¿son reclutas?

Son sombras que estiran su furia sobre un hierro con patas, la cama; son sombras que extienden su hambre sobre una tabla con patas, la mesa; son sombras que ahogan sus sueños en un tanque con patas, sus cuerpos.

De noche, de noche
de noche los negros
de noche, ¿se distingue el color de su piel? ¿se distingue el color de su angustia?
¿se distingue el color?

De noche, de noche
de noche los reclutas,
¿saben ellos la dimensión de la estafa que padecen?

He aquí que ha llegado el momento en que dos épocas confluyen.

He aquí, otra vez, la vil estación de los ritos y de los sacrificios
en honor a los muertos ilustres.

He aquí otra vez las grandes consignas,
el reventar de la historia.
Y todos fervientes inauguramos las fiestas de las Lupercales.

Mientras, a un costado de la antigua mansión abandonada urgentemente por sus propietarios asciende de nuevo el olor de la enredadera.

¿Alguien lo siente?

¿Alguien presiente el legendario homenaje que nos lanzan esas flores mínimas?

¿Alguien que no chille, que no aplauda oye el antiguo chillido?

¿Alguien que no aplauda, alguien que en este mismo momento no ríe
oye la estruendosa, la perenne carcajada de la tierra?
Pero hay que
aplaudir.
bajar el lomo y aplaudir.
levantar la mocha y aplaudir.
Hay que cortar toda la caña sin dejar de aplaudir.

Al son del látigo, loado sea Dios.

Al son de los testículos cloqueantes en medio del cañaveral y el aullido del guardiero, loado sea Dios.

Al son de las magníficas espuelas que revientan mulas y tu vida, loado sea Dios.

Al son del bocabajo (ta bueno ya, ta bueno ya, ta bueno ya), loado sea Dios.

Al son del trapiche que a veces de un tajo nos lleva una mano, loado sea Dios.

Al son del sudor, al son de la inmensa caldera que oscila, al son de los tachos que giran, que giran, loado sea Dios.

Al son de los perros que, extremadamente diestros, no supieron traer con vida el cuerpo del cimarrón, loado sea Dios.

Al son del ahorcado balanceándose a mitad del camino para que sirva de ejemplo, loado sea Dios.

Al son del zurriagazo y la voluntaria zambullida en la caldera (único acto voluntario que puede ejecutar un negro esclavo a lo largo de toda su vida) loado sea Dios.

De noche.
De noche.
De noche.
De noche se celebran los encuentros entre brigadas.
De noche se celebran los juicios populares.

60

De noche se condena a 30 años a un recluta porque se disparó un tiro en una pierna
pues ya no resistía.

De noche.

De noche.

¿Alguien siente el desesperado crepitar de la Isla donde millones de esclavos (ya sin color) arañan la tierra inútilmente?

No hay nada que decir, sino inclinarse y escarbar.

No hay nada que decir sobre la libertad en un sitio donde todo el mundo tiene el deber de callarse o el derecho a perecer balaceado.

No hay nada que decir sobre la humanidad donde todo el mundo tiene el derecho a aplaudir o perecer balaceado.

No hay nada que decir sobre los sagrados principios de la justicia en un sitio donde todo el mundo tiene el derecho a inclinar su cuerpo esclavo, o sencillamente, perecer balaceado.

(Qué claro, qué claro está todo: ni grandes frases, ni complicadas especulaciones filosóficas, ni el poema hermético. Para el terror basta la sencillez del verso épico: *decir*.)

Hay que decir.

Hay que decir.

En un sitio donde nada se puede decir es donde más hay que decir.

Hay que decir.

Hay que decirlo todo.

Ah, pero, ¿ha visitado usted el círculo que forman casas de vivienda y que se conoce con el nombre de batey?

¿Visitó usted ya el trapiche, la casa de calderas, la casa de administración, los almacenes, la gran casa del amo y los árboles de recreo? —los naturales tenían la Casa de la Tristeza, nosotros la sustituimos por la Casa de Contratación—. Todo, desde luego, lejos de los barracones, donde no llegue el hedor.

Ellos marchan en filas, y usted agita la cucharilla en el vaso.

Ellos son mal albergados, son mal alimentados, se bañan. si llegan el carro del agua; apenas si duermen. Y usted agita la cucharilla en el vaso.

Ellos son citados por una orden impostergable. Ellos son pelados al rape; son envueltos en telas ásperas. Ellos tienen que soportar el calor con esas telas. Ellos no pueden hablar si no se les autoriza. Y usted agita la cucharilla en el vaso.

Ellos salen una vez al mes (48 horas de permiso), pero no pueden llegar a la casa pues el transporte está dedicado al tiro de la caña. Y usted agita la cucharilla en el vaso.

Ellos padecen plagas colectivas; sin querer se sacan los ojos con las filosas hojas de la caña; queriendo se cortan las manos para obtener una licencia. Y usted agita la cucharilla en el vaso.

Ellos beben agua podrida; ellos pierden los dientes; ellos padecen hernias, y si se niegan a trabajar son sometidos a un consejo de guerra. Y usted agita la cucharilla en el vaso.

Para ellos cuando la madre enferma no hay salida; si muere es posible que se le concedan 24 horas.

Ellos no sueñan con países lejanos. Ignoran los estilos artísticos, las categorías de la lujuria y las resonancias de los grandes idiomas.

Ellos no han pensado jamás cruzar el mar. Esperan que al final del mes se les entregue una cuchilla de afeitar (rusa), unos cordones para las botas (cubanos), y alguna carta retenida (familiar).

Ellos no esperan. Sus aspiraciones oscilan entre un sombrero y unos espejuelos calobares.

Ellos.

Ellos.

Ellos.

Ah, poema; ah, poema. He aquí como se fatigan dedos e imágenes y aún sigo ardiendo.

Ah, poema; poema.

Cómo otra vez el sol inútil cae sobre la enredadera de la vieja mansión
y todo parece presagiar la llegada del aguacero y de las grandes, secretas, resonancias.

Y todo parece conminarme para que lo interprete, dando señales de una legendaria y renovada estafa.

De noche.

De noche.

Se crean, ya, nuevos planes de persecución y reclutamiento. Se analizan, ya, las deficiencias del terror organizado y se estipulan grandes planes de desolación a largo plazo.

Ya aquí el irreverente estallido del flamboyán al final de una calle.

Ya aquí el infatigable farfullo de semillas y tierras, el olor que asciende, las fastuosas corolas fluyendo, las literas organizadas, el esplendor de unas aguas vistas a distancia por entre cuerpos magníficos y esclavizados, y la maldición que se renueva al levantar un costado del mosquitero.

Ah,
¿pero conoce usted las diversas fases de la fabricación del azúcar?

Quieras o no, aquí te las endilgo:

a) La caña pasa por las esteras, se le tritura, se le extrae

63

el jugo, se niegan pases, se recargan los horarios, se celebran consejos de guerra, se convoca a reuniones urgentes.

Y la violencia se encona como un machetazo en la época de las lluvias.

b) El juego delicioso, cantado ya por poetas y narradores, sufre el proceso de la imbibición, se purifica; llega a las pailas, se agita, bulle, se aprietan las tuercas, se redoblan los azotes y la vigilancia; se castiga por no haber dado el corte bien bajo; se exige una arroba más por día.

Y la violencia se encona como un machetazo en la época de la lluvias.

c) De allí, el guarapo, ya limpio, pasa a los tachos, se realiza el proceso de evaporación, se efectúa el punteo, el chequeo al final del corte, el repile urgente, el doble-turno. Vamos caminando hasta el barracón donde esta noche estudiaremos la biografía de Lenin. Todo esto lo puede ver usted por los cristales de los gigantescos tanques donde bulle la melaza.

Y la violencia se encona como un machetazo en la época de las lluvias.

d) De los tachos, la melaza salta a las máquinas cristalizadoras. Huir. Pero alguien grita, alguien se esconde detrás de cada cogollo y aprisiona. Y el líquido rojo cae en la inmensa paila, y el hombre aullando se arrastra. Y la inmensa paila recoge la melaza generosa. Los tambores están mudos, los rifles truenan. Cae, pero no puede gritar *cojones*; cae sin poder gritar *Dios mío*; cae sin poder decir *ta bueno ya, ta bueno ya, señó.* Con un gorgoteo final el embudo se abre y un torrente cae en el saco. La balanza anuncia el peso exacto: una tonelada métrica de azúcar.

De noche.
De noche.
De noche nuestros huesos piadosamente extendidos, el regalo de la enredadera (en el recuerdo) y la certeza de que no existe etapas de transición; la invariable conquista. El sueño.

Hemos creado centenares de leyes represivas. Hemos construido unos 150 campos de concentración. Hemos fusilado a unas 50 mil personas, hemos desterrado a un millón. Y hemos esclavizado al resto.

¿Alguien se atreve a negarnos la eternidad?

Abril estallando.
Abril estallando.

He aquí que ya se acerca la época de la grandes lluvias, ah queridísimas, y yo estoy en espera de que me baje la inspiración pues ayer alguien me levantó mi última camisa blanca.

He aquí como en el crepúsculo el raspar de una olla adquirió resonancias filosóficas.

He aquí como a falta de delirios apelas a los ejercicios gimnásticos. He aquí como un árbol incendió una calle y las hojas en blanco.

Oh, sí, ya sé.
Oh, sí, ya sé.

Pero yo estoy esperando.
yo esperando.
Ah, inevitable, imprescindible, horrible.
Único consuelo.

6

LAS RELACIONES HUMANAS

YA ESTÁ aquí la primavera. Ya aquí, el escozor que sube, que sube. Ya aquí, las bofetadas, nuestra cotidiana ración. Y cada vez más lejano, y cada vez más lejano, aquel sitio, donde palmeras considerables flotaban junto a lirios. Oh, eso era ver la vida como detrás de un vidrio. Al menos entonces podíamos señalarla... Ya están aquí los inevitables olores. Y, en el centro del cielo, la inevitable claridad que desciende, obligándonos a recordar, acosándonos con emanaciones y centelleos. Como una insólita anacronía, el primer aguacero desciende sobre ciudades atestadas e histéricas.

¿Seguiré
aullando por entre alcantarillas
y amenazas?
¿o
sencillamente depositaré el cigarro y continuaré la siempre interrumpida lectura?

¿Me detendré en el tiempo (cuál, cuál)? O aceptaré la nueva bocanada de injurias, los nuevos ritos bárbaros?

Y todo
en nombre del progreso de las ciudades. Y todo en nombre de la revolución perenne y de las nuevas conquistas.

Mr. Reeves
era un negrero arruinado que se metió a vagabundo. Llegó a las costas de Brasil a mediados de 1800. Allí descubrió que sus hijos con buenos ejemplares africanos salían de una extraordinaria belleza y que los ricos brasileños se los disputaban. Desde entonces tuvo cuantos hijos pudo con negras,

69

especialmente dahomellanas —las más fuertes y esbeltas. Los vendió y fundó un gran criadero. Cuando hubo construido el gran vivero comenzó a hacer experimentos de cruces. Logró especies exquisitas y rarísimas de las que salían ejemplares que le pagaban a precio de oro, todos eran hijos suyos. En su establecimiento tenía escuelas y preparaba la prole para distintos oficios. Criaba caleseros, doncellas, huríes, apolos, bailarinas, eunucos, magos, y todo lo que le pedían. Las grandes damas del Brasil iban allí a buscar favoritos. La gente decía, en burla, que también criaba monjas. A Mr. Reeves le llamaban el Patriarca.

Ya aquí, el lujoso espectáculo del crepúsculo tropical. América para los que sueñan... Ya aquí, las sucesivas fanfarrias, los nuevos embaucadores y los invariables estandartes de la infamia. El mar, el bullicioso estruendo de las aguas violentas; y en las mañanas (rocío, rocío) el hedor de un caballo muerto también es un testimonio de la primavera.

El hombre

rubio se estableció en las costas occidentales de África. Allí, traficando con los negros, se hizo señor. Para efectuar la trata construyó (luego) una ciudad de madera sobre el agua. Y para él, un palacio. Su mujer era extremadamente celosa. Si alguna de las esclavas domésticas le parecía hermosa le hacía meter el rostro en agua hirviendo, o le cortaba la nariz; si era excesivamente bella, la degollaba. Obligaba a todas las esclavas a llevar el vientre desnudo para descubrir de inmediato si alguna salía en estado (en el palacio el único hombre era su marido). Un día enterró viva una niña a quien su marido le había otorgado una sonrisa. Con el tiempo los celos fueron aumentando. Para que sus esclavas jóvenes no pudieran ver a su esposo, les hizo sacar los ojos a todas. Para la atención ínti-

70

ma del marido dispuso sólo de eunucos. Cien mujeres que a ella le parecían sospechosas a pesar de estar ciegas y con un seno cortado, fueron emparedadas vivas contra un gigantesco baobab. Sus recelos no se saciaban. Todas las tardes hacía desfilar frente a ella a las esclavas y les palpaba el vientre. Si alguna había engrosado una pulgada era degollada al oscurecer. También llevaba con rigurosa puntualidad las fechas de sus menstruaciones; si alguna se retardaba un día le atravesaba el vientre con una larga daga. Ella misma realizaba la inspección de la matriz. Sus celos se hicieron extensivos hasta los eunucos; a todos los jóvenes les sacó los ojos. A uno de rasgos imprecisos y excesivamente delicado lo amarró a un extremo de una vara y lo sumergió en el foso de los cocodrilos. Un día, a la hora de la comida, la más antigua sirvienta, desde luego ciega, rozó inconscientemente el brazo del amo. La esposa tomó un cuchillo y se lo enterró en el cuello a la esclava mientras la trataba a gritos de traidora. La mujer, con el cuchillo dentro, aún suplicaba y bramaba, y como el señor, fastidiado por tanto ruido a la hora de la comida, le ordenó a su mujer que la dejara en paz, la esposa le cercenó la cabeza de un tajo a la antigua y fiel sirvienta. Finalmente retomaron la comida. Por las noches, el amo y su mujer se encerraban en la cámara nupcial. El amo saboreaba algunas frutas de la región. Ella realizaba el minucioso tanteo. Investigaba todo el cuerpo del hombre para ver si descubría alguna caricia no otorgada por ella misma. Lo olía resollando, sopesaba los testículos; y en el momento de la eyaculación, que ella provocaba tras esfuerzos heroicos, sacaba, rápido, el instrumento de su cuerpo y comprobaba si la cantidad de semen (derramada sobre la palma de sus manos) era la acostumbrada. El marido, indiferente y somnoliento, se dejaba hacer. Luego se retiraba y pasaba el resto de la noche en una de las hamacas del jar-

71

dín. Desde la alta habitación, la mujer vigilaba. Sin embargo a pesar de todas sus disposiciones y medidas, a pesar de las meticulosas inspecciones, de los incesantes degollamientos, un día descubrió, bajo un plantón, el cuerpo de su marido enredado al cuerpo de una esclava ciega. Por un instante la mujer pensó que aquello era imposible. Aullando se abalanzó sobre los cuerpos que se retorcían, separó a la esclava y la arrastró hasta el patio. La amarró a un poste y metódicamente le fue taladrando el cuerpo con un hierro candente. Al llegar al sexo empujó con tal violencia que la esclava emitió un aullido que hasta el fondo del palacio se estremeció, y los eunucos encargados de mantener vivas las brasas echaron a correr —el ama se encargó luego de que todos ellos, voluntariamente, se tiraran al foso de los cocodrilos. Ese mismo día llevó el cuerpo de la muerta al río, lo cortó en varias bandas, lo lavó y lo hizo transportar hasta la despensa de la cocina. Por varias semanas hizo servir a la mesa la carne bien adobada de aquella esclava, acompañada con vinos y manjares exquisitos. El último día del festín le dijo a su marido: "Durante este tiempo la carne que hemos comido ha sido la de tu amante". El marido la miró, se mesó la barba, y se limpió los dientes con un palillo de ébano. Luego se retiró a descansar a una de las hamacas del jardín. Esa noche la mujer descubrió (o confirmó un antiguo temor) que aquel hombre la haría enloquecer, y que por mucho que lo sometiese o lo utilizase, él estaría siempre libre y distante, en otro mundo o en ninguno. Con una gran navaja se arrastró gimiendo por entre los árboles del jardín. Llegó hasta la hamaca, y cuando levantó el arma para clavársela allí, allí donde noche tras noche realizase el tanteo el hombre la miró invariable y se limitó a desabrocharse la bragueta. La mujer, dando un salto viró el arma y se rascó varias veces el interior del estómago. Aún resoplando cayó

72

hacia adelante, rozando casi la hamaca donde el hombre rubio ya se había zafado el último botón.

¿Escribes desde una ventana?

¿Miras a la ciudad amparado tras unos espejuelos oscuros?

¿Oíste ayer el divertimento en re-menor (Mozart) insólitamente bien ejecutado por la Orquesta de Cámara de la Filarmónica de la R.S.S. de Lituania?

¿Te gusta entonces el mar?

Ah,
después del aguacero qué gusto pasearse bajo los árboles, qué agradable aprisionar las hojas olorosas y húmedas. ¿No es entonces cuando acude la visión lejana de un castillo? ¿No es entonces cuando tu mezquina, tu miserable infancia, adquiere las proporciones de un caserón inexistente en cuyas canales golpean las leyendas mientras la lluvia estalla en los higuillos y en los mayales florecidos?

Cruzan los insólitos jinetes por el inmenso jardín en lluvias
(dentro se muerden higos, se cascan nueces y avellanas)

Vienen las familias sobre eufóricas carretas bajo la lluvia
(dentro se entierran botellas, retumba el enyaguado)

Salen los querequeteses nublando un horizonte de lluvias
(dentro se abren armarios, se alargan mesas, se despliegan
candiles, danzan los duendes)

Hay nieve.

Hay nieve.

Y un chorro de agua azul
que corre, que se desliza casi impasible,
que se detiene ya junto al pequeño montículo
de los ítamorreales.

73

Por la arboleda vienen cantando las mujeres.

El
teniente Benito es el jefe de una brigada. La brigada de Be-
nito es la mejor brigada del campamento. Tiene Benito 26
años, una pistola, el pelo lacio, y 300 reclutas bajo su mando;
y un sanitario. El sanitario también es recluta. El sanitario es
muy delicado, aún cuando trata de acogerse a los ademanes y
al vocabulario de la tropa. Benito mira al sanitario cuando
sospecha que nadie lo mira. Benito se rasca los testículos
cuando el sanitario lo mira. Benito le impone al sanitario ta-
reas realmente excesivas que sólo alguien habituado a la sumi-
sión y al perpetuo espanto sería capaz de cumplir. Benito,
desde luego, quisiera templarse al sanitario, pero se niega (ro-
tundo) a aceptar esta idea. El sanitario, desde luego, quisiera
que Benito se lo templase, pero ni siquiera se atreve a pensar
que esto pudiese ser posible. Una noche se realizaba el che-
queo de emulación inter-campamentos. En el campamento de
Benito había fiesta. El campamento de Benito había ganado
el primer lugar en todo el cuerpo del ejército de Occidente.
Hubo discursos, entrega de banderas, personajes distingui-
dos, aplausos, himnos tocados por la banda militar y, al final,
un tanque de cerveza. Benito le ordenó al sanitario que repar-
tiese la cerveza. Entre los personajes distinguidos había un
hombre joven, de ademanes desenvueltos, de sonrisa jugueto-
na, y además un gran bebedor de cerveza que simpatizó con el
sanitario y por lo tanto logró situarse muy cerca del tanque.
Benito observaba el asunto. El sanitario sumergía sus largas
manos en el agua helada, sacaba una cerveza y se la ofrecía al
risueño personaje. Benito le ordenó al sanitario que abriese
varias docenas de cervezas para ofrecérselas a un grupo de ca-
maradas tenientes; el sanitario las abrió en un parpadear, in-

mediatamente abrió otra para el risueño personaje. Benito le
ordenó entonces al sanitario que limpiase las mesas, labor que
éste hizo con una velocidad inaudita; y al momento estaba
otra vez ofreciéndole una cerveza al simpático personaje. Be-
nito le ordenó entonces al sanitario que trasladase todo un
tendido de bombillos hacia el otro extremo del campamento.
Como una exhalación el sanitario cumplió la orden y regresó
a su puesto, junto al tanque y al personaje. Benito entonces le
ordenó al sanitario que dejara ya de servir y que se retirase a
descansar. El sanitario se hizo el desentendido. Benito reiteró
la orden. El sanitario la rechazó alegando que no estaba can-
sado. Benito sacó el revólver y descerrajó cinco tiros en la ca-
beza del sanitario... En el consejo de guerra este caso fue tra-
tado como insubordinación de primera categoría. El teniente
Benito fue absuelto.

Después del aguacero
después del aguacero
la tierra satisfecha y lavada resuella
apacible.
                              Después.
                              Después.
Me iré.

El invariable estruendo del mar, única oración que santificará
el horizonte. Un grupo de cangrejos agitan trompetas, corazas y
resuellos violetas mientras que en la mesa de hierro la carta, impe-
cablemente mecanografiada, nos da testimonios de un funeral. El
Gran almirante, hechizado, contemplaba una estatuilla de Victo-
ria de Samotracia (discretamente, discretamente). Y por las alcan-
tarillas se deslizaron los dientes de un peine junto a bolígrafos sin
repuestos, flores y descascaradas asas de orinales y bandejas falsa-

75

mente japonesas. Se disuelve el pinar; sobre la invariable bóveda del follaje el pájaro que se asfixia dio testimonio de las diversas conjunciones (todas horribles). Ah mortal, ah mortal. Tras los cristales de la alta mansión en ruinas se observa el trajinar de los murciélagos que toman precauciones contra el crepúsculo. El relámpago, la gente que se apresura a tomar ómnibus y aceras. Agotada la edición del *Granma*, el rostro del último héroe es violentamente traspasado por los goterones.

Hay músicas, hay músicas (se oyen sus gritos).
Y en el patio de la casa relucen las piedras
diminutas.
La nave y los cielos violetas se corrompen ante
la presencia de un hombre agachado.
Motores, y el ta ta ta, incesante.
En la pequeña cabina telefónica (500 km. de la
ciudad más cercana) el espléndido recluta
extiende sus muslos y juega con el auricular
luego de haber clausurado las persianas.
(Yo, dentro, lo observo.)
Al anochecer, las emanaciones de los yerbicidas
y la oración del torrente ultrajada a veces por
la conversación de los cocineros.
(Las lentas, las incesantes y desesperadas migraciones)
    —para qué, para qué.
Y la avioneta contra el manglar. Hormigas con alas,
hormigas con alas, y un nuevo testimonio de la
infamia en apariencia de rosa sobre una leyenda de
felicitación.
Alguien toca.
Alguien toca.
                    Me voy.
Me voy disolviendo.

Me voy desvaneciendo.
Me voy evaporando.
Me voy muriendo.
Me voy callando.
Me voy gritando.
Me voy engarrotando.
Me voy reventando
sin haber visto el reventar
de esta tierra de muchos truenos
y rayos.
      El ta ta ta, el ta ta ta, el ta ta ta,
incesante.

7

ÚNICAMENTE, ÚNICA
MENTE

Los adolescentes esconden su estupor bajo ademanes
ásperos.

Los adolescentes intentan protegerse con señales lividi-
nosas.

Hacinados en el camión, alguien miró la luna cuando ya
abandonábamos la ciudad.

Al menos ella existe, al menos aún ella está igual.

Qué se puede esperar de esta juventud
hecha a la persecución,
a la orden insoslayable,
a los largos discursos altisonantes,
al trabajo obligatorio e inútil,
a la sucesiva inseguridad.

Nada, nada puede esperarse de esta juventud.

Los adolescentes ajustan sus gastadas ropas,
se lanzan frenéticos al mar.
Formidables y violentos se desparraman por
las antiguas avenidas predominantes.
Finalmente, se disuelven en la luz del trópico.

En el hediondo recinto donde se aguarda por el
interrogatorio hay una alta ventana de cristal
esmerilado, y
más allá, y más allá —y más allá, ¿qué?

Qué puede esperarse de esta juventud
que va a una universidad donde no se enseñan
lenguas

sino textos temibles,
que habita un sitio donde siempre se les comunica
por qué debe morir constantemente,
por qué debe estar dispuesta a renunciar a todo
—aun a la dicha del propio renunciamiento.

Qué se puede esperar de esta juventud que le
dicen tienes que hacerte trabajador agrícola,
que le ordenan tienes que convertirte en militar,
que se le condena a vivir bajo la servidumbre y
la miseria
sin siquiera tener el consuelo de expresar
su desesperación.

Todo, todo se puede esperar de esta juventud.
Atravesaremos la ciudad desvastada.
Atravesaremos la ciudad en ruinas.
Atravesaremos la ciudad en perenne erosión,
y no miraremos las vidrieras vacías y
no nos entretendremos en las colas inacabables
y no miraremos los grandes insultos que devoran
los polvorientos ventanales;
no miraremos a ese hombre que humillado y
hambriento
cruza silencioso y enfurecido la calle;
no miraremos la gente que se agolpa frente a un
establecimiento
donde posiblemente venderán refrescos de albaricoque
    dentro de
7 horas.
Nada miraremos, sino que seguiremos por la ciudad
en constante derrumbe y únicamente nos detendremos
frente al mar.
Únicamente frente al mar abriremos los ojos.

82

Únicamente frente al mar respiraremos un instante
(ni siquiera se vislumbra el estímulo de una
esperanza colérica).
Únicamente.
Única
            mente.

8

PEQUEÑO PRETEXTO PARA UNA MONÓTONA DESCARGA

Oʜ, sí, cómo me revienta hablar de la historia.
   Cómo me revienta y precisa.
   Cómo me encojona y fatiga.
   —"Cómo trabajosamente compongo": patada sobre
   el culo sobre patada sobre el culo.
   Ah, cómo chisporrotea la mierda cuando se revuelve.
   Ah, con qué prudencia todo dictador condena a
   muerte a quien ose manejar la espumadera.
   Ah, cómo asquerosamente me apasiona revolver.
   Ah, cuánto apestan los héroes.
Oh, cuánto apestas.

9

LA MONÓTONA DESCARGA

HABLAR de la historia
es hablar de nuestra propia mierda
almacenada en distintas letrinas.

—Manos esclavas conducen los camiones por el terraplén
polvoriento.

Hablar de la historia
es entrar en un espacio cerrado
y vernos a nosotros mismos
con trajes más ridículos, quizá,
pero apresado por las mismas furias
y las mismas mezquindades.

—Manos esclavas labran cruces, cetros, cofas, gallardetes
y curañas; hacen funcionar las palancas.

Hablar de la historia
es abandonar momentáneamente nuestro obligatorio silencio
para decir (sin olvidar las fechas) lo que entonces no pudieron
decir los que padecieron el obligatorio silencio.
Para decir ahora lo que ya es inútil.

—Manos esclavas sacan oro, mueven trapiches, cons-
truyen puentes, fosas y carreteras, estrangulan y aplauden.

Hablar de la historia es reconstruir cachiporras, medallas
oxidadas, restos de barcos y leyendas, épicas traiciones, frag-
mentos de héroes y pueblos desvastados; y luego del fatigoso
trabajo, tirarlo todo donde yacen nuestras cachiporras, meda-
llas, restos de barcos y leyendas, épicas traiciones, fragmentos
de héroes y pueblos desvastados.

—Manos esclavas lustran la esfera.

10

"GRANDIOSO" FINALE

O H, pero qué maricona más pesimista, dirá el actualizado
burgués (aferrado a un sillón de mimbre que se derrumba)
captado por las optimistas consignas ocasionales del marxista
que sabe que sin la santa fe del cretino no podría engullirse a
tiempo la tierra, antes que estalle.

Pero

yo

Veo un continente de indios esclavizados y hambrientos,
reventando en las minas o en el fondo del mar.

(Afuera estalla en aguacero y los invasores cruzan el río
aferrados a bamboleantes criznejas.)

Pero

yo

Veo tres millones de negros esclavizados y hambrientos,
extendiendo el cañaveral a los pies del amo.

(Afuera llueve y una gran nave pirata recala en el puerto.)

Pero

yo

Veo un ejército de adolescentes esclavizados y hambrien-
tos, arañando la tierra.

(Lluvias. Y la flota soviética que arriba en "visita amis-
tosa".)

Qué querías que te dijese, de qué quieres
que te hable.

De qué puedo hablarte,

dime

de qué otra cosa puedo
hablarte

sin que merezca que me arranquen la lengua
por traidor.

Dime,
¿Salvaste el tesoro del Tatarrax?
¿Has visto de cerca el rostro de los héroes?
¿Serías capaz de olvidar las sucesivas humillaciones
sobre las que apacientas tu futuro?
O
¿es que aún confías en el edificante hedor de los
cadáveres?

Veo manos esclavas agitándose siempre
en la fija tiniebla del tiempo.

Tararí,
He aquí la trompeta
tocada por respetables señores
cuya inocencia y seriedad
la testifican la carencia de alas, el vientre
prominente y el padecer de
hemorroides.

Tararí,
He aquí la corneta
tocada no por tritones ni por animales de
17 lenguas fulminantes,
sino por espléndidas máquinas
que saben transformar la energía solar
y aprovechar los residuos del bagazo.

Tararí,
He aquí el pitazo, el cornetazo,
el badajazo descomunal. He aquí el golpe orquestal
inapelable, el ronco bramar, el mecanizado
chillido,
la insolente llamada.

La siempre renovada y potente,
la actualizada
la electrificada
la patriotizada
la legendaria
la esclavizante
la incesante
la ineludible llamada.
                    —el golpe de gracia.
    Vamos.

11

INTRODUCCIÓN DEL SÍMBOLO
DE LA FE

Sé que más allá de la muerte
está la muerte,
   sé que más acá de la vida
está la estafa.

   Sé que no existe el consuelo
que no existe
la anhelada tierra de mis sueños
ni la desgarrada visión de nuestros héroes.
                    Pero
te seguimos buscando, patria,
en las traiciones del recién llegado
y en las mentiras del primer cronista.

   Sé que no existe el refugio del abrazo
y que Dios es un estruendo de hojalata.
                    Pero
te seguimos buscando, patria,
en las amenazas del nuevo impostor
y en las palmas que revientan buldoceadas.

   Sé que no existe la visión
del que siempre perece entre la llamas
que no existe la tierra presentida.
                    Pero
te seguimos buscando, tierra,
en el roer incesante de las aguas,
en el reventar de mangos y mameyes,
en el tecleteo de las estaciones
y en la confusión de todos los gritos.

   Sé que no existe la zona del descanso

que faltan alimentos para el sueño,
que no hay puertas en medio del espanto.
                              Pero
te seguimos, buscando, puerta,
en las costas usurpadas de metralla,
en la caligrafía de los delincuentes,
y en el insustancial delirio de una conga.
      Sé
que hay un torrente de ofensas aún guardadas
y arsenales de armas estratégicas,
que hay palabras malditas, que hay prisiones
y que en ningún sitio está el árbol que no existe.
                              Pero
te seguimos buscando, árbol,
en las madrugadas de cola para el pan
y en las noches de cola para el sueño.
      Te seguimos buscando, sueño,
en las contradicciones de la historia
en los silbidos de las perseguidoras
y en las paredes atestadas de blasfemias.
Sé
que no hallaremos tiempo
que no hay tiempo ya para gritar,
que nos falla la memoria,
que olvidamos el poema, que, aturdidos,
acudimos a la última llamada
(el agua, la cola del cigarro).
                              Pero
te seguimos buscando, tiempo,
en nuestro obligatorio concurrir a mítines,
funerales y triunfos oficiales,
y en las interminables jornadas en el campo.

Te seguimos buscando, palabra,
por sobre la charla de las cacatúas
y el que vendió su voz por un paseo,
por sobre el cobarde que reconoce el llanto
pero tiene familias... y horas de recreo.

Te seguimos trabajando, poema,
por sobre la histeria de las multitudes
y tras la consigna de los altavoces,
más allá del ficticio esplendor y las promesas.

Que es ridículo invocar la dicha
que no existe "la tierra tan deseada"
que no hallarán calma nuestras furias.

Todo eso lo sé.

Pero te seguimos buscando, dicha,
en la memoria de un gran latigazo
y tras el escozor de la última patada.

Te seguimos buscando, tierra,
en el fatigado ademán de nuestros padres
y en el obligatorio trotar de nuestras piernas.

Te seguimos buscando, calma,
en el infinito gravitar de nuestras furias
en el sitio donde confluyen nuestros huesos
en los mosquitos que comparten nuestros cuerpos
en el acoso por sueños y aceras
en el aullido del mar
en el sabor que perdieron los helados
en el olor del galán de noche
en las ideas convertidas en interjecciones ahogadas
en las noches de abstinencia
en la lujuria elemental
en el hambre de ayer que hoy hambrientos condenamos
en la pasada humillación que hoy humillados denunciamos.

En la censura de ayer que hoy amordazados señalamos
en el día que estalla
en los épicos suicidios
en el timo colectivo
en el chantaje internacional
en el pueril aplauso de las multitudes
en el reventar de cuerpos contra el muro
en las mañanas ametralladas
en la perenne infamia
en el impublicable ademán de los adolescentes
en nuestra voracidad impostergable
en el insolente estruendo de la primavera
en la ausencia de Dios
en la soledad perpetua
y en el desesperado rodar hacia la muerte
te seguimos buscando
te seguimos
te seguimos.

Central "Manuel Sanguily".
Consolación del Norte. Pinar del Río.
Mayo de 1970.

NOTAS

Para mi querido *R* significa para Reinaldo García-Ramos, quien residía en Cuba cuando se escribió el poema. Una dedicatoria más explícita podía entonces perjudicarlo...

Para la "vida y costumbres" de los indios he acudido a las obras de los cronistas españoles, muy especialmente al libro *Historia General de las Indias*, de Francisco López de Gómara. —Cabe suponer que la situación del indio bajo la esclavitud española fue aún más cruel que como nos la muestran los cronistas españoles que a la vez fueron soldados, frailes, esclavistas u otros agentes muy allegados al imperio.

Para la trata y esclavitud de los negros he seguido, y citado, la biografía novelada *El negrero*, de Lino Novás Calvo, obra de valores literarios excepcionales en el contexto de la literatura cubana, y cuyas informaciones históricas se apoyan en 98 textos irrebatibles.

Aunque la improvisación que aquí aparece a cargo de Fray Bartolomé de las Casas es de mi invención, todos conocen su amor por los indios que lo llevó a alentar (y aumentar) la esclavitud de los negros.

La pregunta: "¿Platón vendía aceite en Egipto para cubrir los gastos de su viaje?" ha sido extraída de una afirmación que sobre el mismo asunto hace Plutarco en su *Vida de Solón*.

Desde luego, las imágenes actuales personales o, si se quiere, sentimentales que integran el poema son también reales, pero a ningún historiador le interesará verificarlas. Además, cómo hacerlo.

ÍNDICE

1. Manos esclavas   9
2. Las buenas conciencias   17
3. Una cacería tropical   29
4. Peripecias de un viaje   39
5. De noche los negros   43
6. Las relaciones humanas   67
7. Únicamente, única
                    mente   79
8. Pequeño pretexto para una monótona descarga   85
9. La monótona descarga   89
10. "Grandioso" finale   93
11. Introducción del símbolo de la fe   99

Notas   105

Impreso en el mes de junio de 1981
en I. G. Seix y Barral Hnos., S. A.
Carretera de Cornellà, 134-138
Esplugues de Llobregat
(Barcelona)